Die Festungsstadt Aigues-Mortes

Im 13. Jh. entscheidet Ludwig der Heilige den Bau eines französischen Mittelmeerhafens; Beweggrund ist die Rückeroberung des Heiligen Landes. In den Sümpfen der Camargue entsteht *ex nihilo* die Festungsstadt Aigues-Mortes, von der aus der König zum siebten Kreuzzug aufbrechen wird.

Der Donjon*, „Tour de Constance" genannt, und die 1634 m lange Stadtmauer mit ihren 20 Türmen werden in weniger als 50 Jahren fertiggestellt. Die Festungsanlagen, die sich durch eine große Einheitlichkeit auszeichnen, schützen eine nach dem regelmäßigen Grundriss der Bastiden* angelegte Stadt.

Aigues-Mortes kannte nur eine kurze Blütezeit. Schon ab dem 14. Jh. begann der Niedergang, bedingt durch die Versandung der Kanäle und des Hafens und die Konkurrenz der Hafenstadt Marseille.

Nach der Aufhebung des Edikts von Nantes und während des ganzen Ancien Régime ist die Tour de Constance das größte Hugenottengefängnis in Frankreich.

Heute stellt die Festungsstadt Aigues-Mortes eine der schönsten und der am besten erhaltenen mittelalterlichen Militäranlagen dar.

*Die mit einem Sternchen gekennzeichneten Begriffe sind im Glossar am Ende des Bandes erklärt.

Nachstehende Doppelseite: Luftansicht von Aigues-Mortes, von Norden nach Süden

Die Dächer der Stadt, die Porte des Remblais und die Tour de Constance, von der Südwestfront aus gesehen

GESCHICHTE

Das französische Königtum und die Languedoc-Küste

Philipp II. August, 1180 bis 1223 König von Frankreich, macht es sich zur Aufgabe, in seinem Reich die königliche Autorität wieder herzustellen. Von 1209 bis 1271 entfaltet sich die Rückeroberungspolitik der Kapetinger in Südfrankreich und findet ihren symbolkräftigsten Ausdruck in der Gründung von Aigues-Mortes 1240. Noch heute legen die Bauwerke der Stadt Zeugnis ab von diesem Souveränitätswillen.

Der König und der Graf von Toulouse

Das Languedoc, begrenzt vom englisch beherrschten Aquitanien und der zum Heiligen Römischen Reich Deutscher Nation gehörigen Provence, befindet sich teilweise unter der Herrschaft Raymonds VII., Graf von Toulouse, dessen Familie ihren Einflussbereich durch den Grafen von Tripoli bis nach Palestina ausgeweitet hat – eine Machtfülle, die leicht in Versuchung führen kann, mit dem französischen Königtum zu rivalisieren, ja sich von der fernen Autorität ganz freizumachen.

So ist der Kreuzzug gegen die Albigenser von 1209 bis 1229 dem französischen König ein willkommener Vorwand, um im Osten den Territorialbesitz der Grafen von Toulouse einzuschränken. Dort setzt er die Sénéchaussée* von Beaucaire, danach die von Carcassonne ein, an deren Spitze sich keine Vertreter des örtlichen Adels, sondern königstreue, von Paris gesandte Verwalter befinden. Durch diese Neuverteilung der Macht, mit der die Grundsteine eines staatlichen Zentralismus gelegt werden, werden natürlich die Freiheiten der Gefolgsmänner des Grafen von Toulouse beschnitten; mehrmals kommt es zu Aufstandsversuchen, insbesondere 1240 und 1242.

Mit dem Tod Raymonds VII. verschwinden auch die Unruhen: Die Grafschaft geht an Alphonse von Poitiers, Bruder des Königs Ludwigs IX., und wird 1271 schließlich von der Krone übernommen.

Statue Ludwigs IX., des Heiligen, aus dem 19. Jh., die sich in der Kirche Notre-Dame-des-Sablons in Aigues-Mortes befindet

Der König durchkreuzt die aragonischen Expansionspläne

Zu Anfang des 13. Jh. fällt die Herrschaft über Montpellier an König Jakob I. von Aragonien, Graf von Barcelona und Roussillon, der damit ein Machtfaktor der Languedoc-Küste wird. Seine Anwesenheit macht die Lehnsverhältnisse kompliziert – ein König muss einem anderen König den Treueid schwören, wie dies in Aquitanien der Fall war – und verstärkt dadurch die politischen Spannungen. Aus Bündnissen und persönlichen Bindungen leitet er Ansprüche auf Carcassonne ab und versucht zudem, die Grafschaft der Provence in seine Familie einzugliedern.

Ludwig IX. lässt deshalb ab 1240 die Stadt Carcassonne befestigen, um dieser Politik Einhalt zu gebieten.

1245 setzt er den heiratspolitischen Umtrieben Jakobs I. von Aragonien ein Ende, indem er dafür sorgt, dass sein Bruder, Karl von Anjou, die Hand der Erbin der Grafschaft der Provence erhält.

1248 werden mit dem Vertrag von Corbeil die hinsichtlich des westlichen Languedocs offenen Fragen zwischen Frankreich und Aragonien geregelt.

Danach verlegt Jakob I. seine Ambitionen auf die Mittelmeerinseln. Ludwig IX. gelingt es aber, seine Rechte in der Seigneurie von Montpellier wiederherzustellen: 1255 kann er sich die Bündnistreue des Bischofs von Maguelone sichern – unter Missachtung gewisser Vorrechte des Heiligen Stuhls –, danach zwingt er den König von Aragonien, diesem ihm völlig ergebenen Prälaten den Treueid zu leisten.

Das Königreich öffnet sich zum Mittelmeer

Ludwig IX. ist der erste Kapetinger, der über einen eigenen Zugang zum Mittelmeer verfügt – eine Präsenz, die für jeden bedeutenden Monarchen zwingend war, denn der Islam wird zurückgedrängt und das Abendland beherrscht den Seehandel; christliche Schiffe verkehren zwischen Barcelona, Genua, Venedig und der nordafrikanischen und levantinischen Küste.

Aber da sind mehr als nur die irdischen Güter: ein vollendeter König muss sich in den Dienst des Glaubens stellen und für die Befreiung

Jerusalems und des Grabes Christi kämpfen. Ludwig IX, Verkörperung der Tugenden des guten Prinzen, nimmt zweimal das Kreuz. Bis zur Mitte des 14. Jh. werden seine Nachfolger versuchen, es ihm gleichzutun.

Umschlag eines Schulheftes, um 1900 (Privatsammlung)

Einschiffung Ludwigs des Heiligen am 25. August 1248, Miniatur, um 1330-1340 (Paris, Bibliothèque nationale de France)

Die Kreuzzüge Ludwigs des Heiligen

Im Dezember 1244 nimmt Ludwig IX. das Kreuz. Am 25. August 1248 schifft er sich in Aigues-Mortes ein, mit Kurs auf Zypern und dann nach Ägypten. Sofort nach seiner Landung nimmt er Damiette ein, aber im April 1250 wird seine Armee in Mansurah besiegt und er selbst gerät in Gefangenschaft. Nach seiner Befreiung bleibt er bis 1254 in Palästina, wo er die Befestigungsmauern der fränkischen Plätze wieder aufbauen lässt. Von Aigues-Mortes aus sticht er 1270 erneut in See; das Ziel ist Tunesien, wo er in Karthago wenig später (am 25. August) an der Pest stirbt.

Die Stadt Ludwigs des Heiligen

Um 1240 beginnt Ludwig IX. mit dem Bau einer Stadt an der Grenze seines Reiches: Die Provence, die zum Kaiserreich gehört, wird damals von einem Nebenfluss der Rhône, der

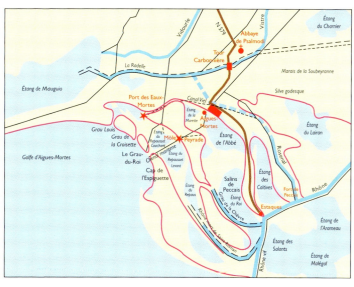

Rekonstruktion der Küstenlandschaft bei Aigues-Mortes im 13. Jh..

- ★ Häfen von Aigues-Mortes
- ● Anlegestellen
- Unter Ludwig dem Heiligen angelegte Kanäle
- Straßen
- Küstenverlauf im 13. Jh.
- Kanäle, Wasserstraßen
- Seitenarme der Rhône
- Versandete Kanäle oder Flussarme

in der Nähe des heutigen Grau-du-Roi ins Meer mündet, von Frankreich getrennt. Die Küstenlandschaft stellt sich im Großen und Ganzen so dar wie heute: Ein langsam versandender Lido* schützt eine zur See hin offene Lagune, die zu einer Reihe von „Etangs" genannten Brackwasserseen Zugang gewährt. Der größte Teil dieses Gebietes gehört zur Benediktinerabtei von Psalmodi, die im 13. Jh. auf einer Insel in den Sümpfen gegründet wurde. 1226 wird erstmals ein Hafen namens Eaux-Mortes („Tote Wasser") erwähnt, der sich in der Nähe des Übergangs zwischen der Lagune und des ersten der Brackwasserseen, des Etang de l'Abbé, befindet und von Kaufleuten aus Montpellier und Marseille benutzt wird. Am Ufer des Etang de l'Abbé, auf halbem Wege zwischen der Abtei und dem Hafen, wird Ludwig der Heilige mitten in der Einöde seine Stadt gründen.

Die Gründung einer Stadt

Der Monarch lässt zunächst die „Grosse Tour du Roi", den „dicken Königsturm", später Tour de Constance genannt, errichten, der 1248 fertiggestellt wird. Neben der Küstenüberwachung dient er durch ein Leuchtfeuer auch der Orientierung und ist ein imposantes Symbol der königlichen Präsenz. Daneben wurde ein heute nicht mehr vorhandenes Schloss errichtet; die Bauten sind mit einer Palisade umzäunt.

Während der Turm erbaut wird, erreicht der König in langen Verhandlungen mit dem Abt von Psalmodi die Rückübertragung der Ländereien, die er seiner Stadt geben will; 1248 wird das Abkommen feierlich bestätigt.

Unter dem Schutz der rasch hochgezogenen Festung legt der König die Grundsteine für eine Stadt, mit der er ein Beispiel setzen möchte. Schon 1246 lässt er der kaum erst angesiedelten Bevölkerung umfassende Privilegien verbriefen – keine andere Stadt der Region verfügt über so weitreichende Freiheiten. Ziel ist dabei natürlich, neue Bewohner anzulocken, aber die Freibriefe sollen auch als Ausdruck der königlichen Großzügigkeit gelten.

Den Mittelpunkt der Festungsstadt bildet die Pfarrkirche Notre-Dame-des-Sablons, fertiggestellt vor 1260. Betreten wird die Kirche vom zentralen Platz her, der so den Kirchenvorplatz bildet. Gegenüber – an der Stelle des heutigen Rathauses – befindet sich das Haus des Konsuls. Über die Häuser der Einwohner ist wenig bekannt – da es keine Steinbrüche in Stadtnähe gab, wurden sie oft aus vergänglichen Materialien errichtet. Lange war hauptsächlich der westliche Teil der Stadt besiedelt. Die für Bastide typische, rechtwinklige Anordnung der Straßen, die auf den zentralen Platz führen, ist im östlichen Languedoc einmalig. Im weitgehend unbebauten Ostteil der Stadt befand sich neben einem Franziskanerkloster wahrscheinlich auch der Friedhof; 1346 wurde dort ein Krankenhaus errichtet.

Die Kirche Notre-Dame-des-Sablons vom Platz Saint-Louis aus gesehen

Aufbau der Verkehrsverbindungen

Der König hat vor, die Stadt befestigen zu lassen, aber die Bauarbeiten werden verschoben, da es zunächst einmal notwendig ist, die Stadt an das Hinterland und an die wichtigen Handelszentren anzubinden: Noch vor Ende der Regierungszeit Ludwigs des Heiligen 1270 werden zwei Kanäle, sogenannte „Roubines", zur Rhône und zum Étang de Mauguio angelegt, die Aigues-Mortes mit Arles und Montpellier verbinden. Auf diesem Weg werden die großen Steinmengen, die für den Mauerbau nötig sind, befördert. Außerdem wird die Straße, die von der Abtei von Psalmodi nach Nîmes führt, bis Aigues-Mortes verlängert und eine Brücke über den Vistre gebaut, die „Pont de la Carbonniere", die mit einem Turm bewehrt ist. Die Bauarbeiten zeigen den ganzen Ehrgeiz des königlichen Projekts: Die Stadt, gleichzeitig über das Meer und die Binnenwasserwege zu erreichen, soll zu einem der Knotenpunkte des europäischen Handels werden, der Provence und Languedoc, Mittelmeer und Rhône – und damit auch die Champagne mit ihren Ausstellungen – miteinander verbindet.

Ein natürlicher Außenhafen

Ludwig IX. gibt zwar umfangreiche Bauarbeiten in Auftrag, kümmert sich aber nicht weiter um den Hafen. Das ist nur typisch für die

Beladen der Schiffe, Miniatur, 1352 (Paris, Bibliothèque nationale de France)

Zeit: Im 13. Jh. waren waren die Hafenanlagen oft stärker von der Natur als vom Menschen gestaltet.

Dies gilt auch für Eaux-Mortes, den ursprünglichen Hafen von Aigues-Mortes, der an einer von See her gut zugänglichen, wind- und dünungsgeschützten Lagune gelegen war, die Schiffen sichere Ankerungsmöglichkeiten bot. Die Waren wurden dann mit flachen Booten, „Caupols" genannt, in die Stadt und zur Binnenverschiffung weiterbefördert.

In dieser Lagune versammelten sich 1248 und 1270 die Schiffe, die Ludwig den Heiligen und die Kreuzritter zu ihrem Bestimmungsort bringen sollten. Auch in anderen Seestädten des Languedoc mit Außenhäfen und in Narbonne und Montpellier, wurde, wenn auch in anderem Maßstab, nach diesem Muster verfahren.

Am Ende der Regierungszeit Ludwigs IX. verfügt die Stadt Aigues-Mortes, wie sie sich um die königliche Festung herum lagert, zwar über eine Verwaltung, ein wenig Land, einen Hafen und Verkehrsverbindungen, bleibt aber eine offene und nur schwach bevölkerte Stadt.

> **Der Hafen und die Kreuzzüge**
>
> Schon 1239 waren trotz des ungesunden Klimas Kreuzritter vom Hafen Eaux-Mortes aufgebrochen.
>
> Schon lange vor der Einschiffung Ludwig IX. 1248 wurde in Aigues-Mortes mit der Einlagerung von Lebensmitteln und Ausrüstungsgegenständen begonnen. Das Frankreich des 13. Jh. war allerdings keine Seemacht und so wandte sich Ludwig der Heilige zwecks Schiffskauf oder -pacht ab 1246 an Marseille, Venedig und Genua, und auch von den Seestädten wurden Schiffe „gechartert". In Zypern versammelten sich 1249 schließlich 1800 Schiffe, aber nur 38 davon waren mit dem König von Aigues-Mortes aus in See gestochen.
>
> 1270 waren die Kreuzritter in den Hafen bestellt worden, ohne dass die Stadt war auf ihren Empfang vorbereitet wäre; es kam zu Rangeleien, und der König musste seinen Aufenthalt in Saint-Gilles unterbrechen, um für Ordnung zu sorgen. Außerdem gab es zu wenig Plätze an Bord – manche Kreuzritter baten sogar den Papst um Hilfe. Andere sattelten einfach um und verlegten sich auf die Seeräuberei.

Die Stadt nach 1270

Die Nachfolger Ludwigs des Heiligen beschränken sich nicht auf die Vollendung des schon begonnenen Stadtmauerbaus. Sie wollen einen neuen Hafen, näher an der Stadt. Zur Durchführung dieser Projekte sichert sich Philipp III., der Kühne, 1272 die Dienste von Guillaume Boccanegra, einem ehemaligen Kapitän, der im Hafen wohlbekannt ist und dort seit 1249 als Konsul der Genuaner tätig ist. Er ist nicht der einzige Italiener, der zum Aufschwung der Stadt beiträgt – Händler und Ansiedler von Aigues-Mortes waren oft „Lombarden", darunter verschiedene Erste Konsuln* der Stadt.

Die Befestigungen

Mit der Errichtung der Stadtmauer wird im Norden begonnen. Aber als Boccanegra 1274 stirbt, befindet sich der Bau noch im Anfangsstadium. Als es 1286 durch die Affäre der Sizilianischen Vesper zum Krieg zwischen Frankreich und Aragonien kommt, bemächtigt sich der Admiral Roger de Loria der unbefestigten Stadt und schneidet zudem durch Überfälle an der Küste von Aigues-Mortes und Enterung der Schiffe im Hafen die Franzosen von der Versorgung ab.

Das Desaster hat vermutlich die Vollendung der Bauvorhaben beschleunigt; jedenfalls werden sowohl Stadtmauer als auch die „Tour

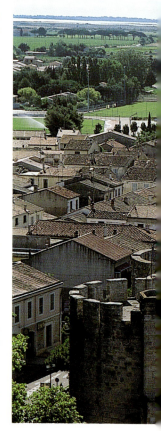

Carbonnière", der Turm, der im Norden den Landzugang zur Stadt überwacht, noch vor dem Ende des 13. Jh. fertiggestellt.

Das Tor zu Frankreich

Die Bauarbeiten, die die Zufahrtsmöglichkeiten der Schiffe zur Stadt verbessern sollen, werden zügig durchgeführt: 1278 wird die Küste im Süden von Aigues-Mortes mit einer ins Meer hinausgebauten steinernen Mole, der „Peyrade", befestigt. Damit wird der Hafen in Stadtnähe verlegt; über den Kanal können Galeeren und andere flachbödige Boote bis an die Stadt heranfahren. Im gleichen Jahr nötigt Philipp III. der Kühne die italienischen Kaufleute, ihren Wohnsitz von Montpellier nach Nîmes zu verlegen, in der Absicht, Aigues-Mortes zum Außenhafen von Nîmes zu machen.

Obwohl das Projekt scheitert, bleibt dennoch eine seiner Verfügungen bestehen: Statt über die „Graus" (Wasserwege) von Montpellier erfolgt die Zufahrt nach Frankreich nun zwin-

Stadtseite der Nordostfront, von der Tour de Constance aus gesehen; von links nach rechts: Porte de la Gardette, Tour du Sel, Porte Saint-Antoine, Tour de la Mèche, Tour de Villeneuve

gend über Aigues-Mortes. Diese Maßnahme, die sowohl politisch als auch wirtschaftlich motiviert ist, beflügelt die Hafenaktivität. Über Aigues-Mortes werden Gewürze und Produkte des Orients weiterbefördert, die hauptsächlich von genuanischen, aber auch von venezianischen Schiffen geliefert werden; aus der Gegenrichtung kommen Waren von den Austellungen der Champagne genauso wie die berühmte englische Wolle, die über Aquitanien und das Languedoc in die italienischen Republiken geliefert wird.

Die Vergrößerung des Territorialbesitzes

Schließlich nehmen die Nachfolger Ludwigs des Heiligen die Vergrößerung des Grundbesitzes der Stadt in Angriff, um die Lebensbedingungen der Bevölkerung zu verbessern. Tatsächlich hatte Ludwig IX. seine Stadt nur mit wenig Grundbesitz ausgestattet; ihre 1800 Hektar Sandboden geben nur ein sehr dürftiges Ackerland ab. 1269 verpflichtet der König die Tempelritter, ihm ein Waldstück westlich von Aigues-Mortes abzutreten. Philipp III. der Kühne erhält ein angrenzendes Waldstück von den Hospitalitern. 1272 erstreckt sich das Gebiet der Stadt damit bis zum Etang de Mauguio. 1290 schließlich erhält Philipp IV. der Schöne als Ergebnis eines Tausches mit dem

Südwestfront, vom Umland aus gesehen; von links nach rechts: die Tour de la Poudrière, die Porte de l'Arsenal, und die Porte de la Marine

Seigneur von Aimargues und Uzès die Salinen von Peccais.

Damit wird die Salzgewinnung zum dritten Gewerbe der Festungs- und Hafenstadt.

Fast 60 Jahre hat es gedauert, bis Aigues-Mortes ihre mächtigen Befestigungsanlagen, funktionstüchtigen Hafenanlagen und das – angesichts der Rechte der Abtei von Psalmodi auf die Sümpfe, die die Könige des 13. Jh. nicht in Frage stellen mochten – größte mögliche Territorium erhalten hat.

Schon aber zeichnet sich das größte Hindernis, das einem wirklichen Aufschwung der Stadt im Wege steht, ab: Der neue Hafen, der zu weit landeinwärts und zu nahe an der Mündung der Kleinen Rhône mit ihren Anschwemmungen liegt, versandet sehr schnell, so dass die Einfahrt in den Hafen für Schiffe mit großem Tiefgang gefährlich wird. Zur Aufrechterhaltung der Hafenaktivität sind permanent umfangreiche Aushebungsarbeiten erforderlich, so dass die Könige schließlich angesichts der übermächtigen Natur das Handtuch werfen werden.

Südostfront, vom Umland aus gesehen; von links nach rechts: Porte des Cordeliers und Porte de la Reine

Niedergang des Hafens und Prestige der königlichen Festung

Die kurze Blütezeit von Aigues-Mortes reicht vom Ende des 13. bis um Anfang des 14 Jh. Bereits 1320 werden Klagen laut über die Verpflichtung, den versandeten Hafen zu benutzen. Aber alle Bemühungen zur Instandsetzung schaffen keine Abhilfe, und der 1423 unternommene Versuch von Jacques Cœur, Aigues-Mortes zum Heimathafen seines Orienthandels zu machen, schlägt fehl. Mit dem Anschluss Marseilles an Frankreich (1481) und der Aufhebung des Monopols von Aigues-Mortes (1484) ist der Handel nach Übersee beendet; der Hafen wird zu einer simplen Anlaufstelle für die Küstenschiffahrt.

Das Wohlwollen des Monarchen ist der königstreuen Stadt sicher – das Massaker an den Burgundern im Jahr 1421 belegt die Loyalität der Stadt, die einzig durch Täuschung oder Verrat in die Hände der Gegner der Krone fiel. Aber jedem wirklichen Aufschwung stehen die immer wieder auftretenden Fieber, die auf die Nähe der Sümpfe zurückzuführen sind, entgegen, wie auch die Dürftigkeit der landwirtschaftlichen Produktion auf einem Landstreifen, der regelmäßig von Rhône und Vidourle überschwemmt wird. Dem Prestige der königlichen Festung tut das aber keinen Abbruch. Hier halten im Juli 1538 Franz I. und Karl V. ihr feierliches Treffen ab, um ihre Unstimmigkeiten beizulegen.

Der Kanal, der Aigues-Mortes mit dem Meer verbindet; im Hintergrund die Nordwestfront der Stadtmauer

Aigues-Mortes und die Protestanten

Aigues-Mortes, wo der Calvinismus ab 1560 in Erscheinung tritt, ist während der Religionskriege eine begehrte Festung. 1575 nehmen die Truppen der Hugenotten die Stadt ein und zerstören das Franziskanerkloster und die Chapelle des Pénitents gris.

Die protestantischen Kerkerinsassen der Tour de Constance

Das „ewige und unwiderrufliche" Edikt von Nantes wurde 1685 aufgehoben. Damit begann eine Zeit scharfer Unterdrückung des Protestantismus, die im Languedoc und in den Cevennen durch einen erbitterten Widerstand und den „Krieg der Kamisarden" geprägt ist. Ab 1686 wird die Tour de Constance wie auch andere Türme der Festung als Gefängnis für Protestanten benutzt.

Register („widerstehen"), Marie Durand zugeschriebene Inschrift auf der Laibung des Rundfensters im oberen Saal der Tour de Constance

1705 gelang Abraham Mazel, dem Anführer der Kamisarden, mit 16 seiner Gefährten die Flucht, nachdem sie einen Stein aus einer Bogenscharte gelöst hatten. Ab 1715 wurden nur noch Frauen im Turm eingekerkert, zumeist Frauen aus dem Volk, die zum größten Teil aus den Cevennen stammten und denen man vorwarf, „Reformierte" zu sein, oder auch nur, an einer religiösen Versammlung teilgenommen zu haben. Die Zahl der Gefangenen wechselte, aber es waren nie mehr als 38. Die Haftbedingungen waren quälend: Feuchtigkeit, Dunkelheit, im Winter die Kälte, seltener Ausgang auf der Plattform. Manche starben dort, Kinder wurden geboren. Viele schworen ihrem Glauben ab, bei anderen ließ man Milde walten.

Marie Durand war eine der willensstarken, durch nichts von ihren Überzeugungen abzubringenden Figuren, wie sie die Zeit hervorbrachte: Sie stammte aus der Ardèche und wurde 1730 sehr jung festgenommen, hauptsächlich um ihren Bruder, einen Pastoren, zu zwingen, sich zu stellen. Er wurde 1732 gehängt, sie selbst aber erst 36 Jahre später, im Jahr 1768, freigelassen.

Ihr wird, allerdings ohne Beweise, die Inschrift *Register* („widerstehen") auf der Laibung des Ochsenauges im oberen Saal der Tour de Constance zugeschrieben: ein Aufruf, die Gewissensfreiheit anzuerkennen.

Anlässlich des 200. Jahrestages der Befreiung der protestantischen Gefangenen am 30. August 1968 in der Gouverneursresidenz enthüllte Stele; dargestellt sind eine Galeere, ein Gitter, ein Hugenotten-Kreuz; die Inschrift lautet: *Im Gedenken an die protestantischen Gefangenen, die im Namen ihres Glaubens und der Gewissensfreiheit widerstanden haben.*

Beim Friedensschluss 1576 gehört Aigues-Mortes zu den acht festen Plätzen, die den Protestanten zugestanden werden und wird damit für 47 Jahre eine protestantische Stadt. Am 22. August 1622, nach einer Belagerung durch die königlichen Truppen, übergibt der Gouverneur die Stadt an Ludwig XIII. Es ist die Zeit der Gegenreformation – Kapuzinermönche richten sich in der Stadt ein, die zerstörten religiösen Bauten werden neu aufgebaut – und einer relativ friedlichen Koexistenz der beiden religiösen Lager. Nach der Aufhebung des Edikts von Nantes wird die Tour Constance zum Gefängnis für zum Tode oder zu Galeerenstrafen verurteilte Protestanten. Nach der Flucht des Kamisarden Abraham Mazel 1705 werden dort nur noch Frauen eingekerkert, darunter Marie Durand für 38 Jahre.

Die schlafende Stadt erwacht

Im 18. Jh. führen die königliche Verwaltung und die regionale Verwaltung, die États du Languedoc, einige entscheidende Verbesserungen durch: 1725 wird ein Kanal zwischen der Stadt und dem Grau-du-Roi angelegt. 1746 wird mit der Trockenlegung der Sümpfe und 1772 mit dem Bau des Baucaire-Kanals begonnen, der 1811 fertiggestellt wird. Danach erfolgt die Umleitung des Flusses Vidourle zur Küste (1822-1847). Vor allem aber profitiert die Stadt von der Reblaus-Plage, die um 1875 in Südfrankreich wütet: Mitten im Sand wird ein Weinberg angelegt, weitab von den Parasiten; durch die Einkommen aus dem Weinbau vergrößert sich die Stadt und beginnt, über die Mauer hinaus zu wachsen. Außerdem sind seit 1850 Badeaufenthalte am Meer in Mode gekommen, was auch Aigues-Mortes, seit 1873 von Nîmes aus mit dem Zug zu erreichen, zugute kommt.

1892 ereignet sich im Klima nationalistischer Übersteigerung das „Italienermassaker", plötzlich richtet sich das allgemeine Interesse sowohl auf die harte Arbeit in den Salinen als auch auf die kleine Stadt, die auf eine solche Werbung gut verzichten konnte.

Aigues-Mortes hat nun alle Hafenstadt-Ambitionen aufgegeben, lebt im Rhythmus der Brackwasserseen und Salinen und versteht es dazu, Gewinn aus der Umgebung und Architektur der Festung zu ziehen, die immer wieder die Besucher – Châteaubriand, Dumas, Taine, Mérimée, Barrès, Frédéric Bazille – in ihren Bann schlägt.

Plan der Festungsstadt Aigues-Mortes, Auszug aus einem Atlas der Festungsstädte des Languedoc, Kupferstich, 18. Jh. (Paris, Bibliothèque nationale de France)

Zeittafel

1226 Erstmals wird ein Hafen namens „Eaux mortes" erwähnt.

1239 Kreuzritter stechen von Aigues-Mortes aus in See.

Um 1240 Erste Bauarbeiten in Aigues-Mortes, nachdem der König entschieden hat, dort eine Stadt zu bauen

Beginn des Baus der Tour de Constance

1246 Ludwig IX. läßt den Einwohnern von Aigues-Mortes Privilegien verbriefen.

1248 Der König erhält den Territorialbesitz der Stadt von der Abtei von Psalmodi, im Austausch gegen Ländereien in der Nähe von Sommières.

Bauarbeiten: Eine Verbindung zur Rhône wird durch die Verlängerung eines ihrer Seitenarme hergestellt; es entsteht ein Kanal zum Étang de Mauguio, die „Grand Roubine".

Ludwig IX. bricht von Aigues-Mortes zum siebten Kreuzzug auf.

Vor 1260 Bau der Kirche Notre-Dame-des-Sablons

1269 Der Territorialbesitz der Stadt wird nach Westen erweitert.

1270 Ludwig IX. bricht zum achten Kreuzzug auf. Er stirbt vor Karthago, in Tunesien.

1272 Philipp III. der Kühne verpflichtet Guillaume Boccanegra für den Bau der Befestigungsanlagen und den Ausbau des Hafens.

1275 Bau des Ports du Môle, des Peyrade-Dammes und des Kanals, der den Hafen mit der Stadt verbindet

1286 Der Hafen wird von dem Aragonier Roger de Loria geplündert.

1291 Philipp IV. der Schöne erhält die Salinen von Peccais vom Seigneur von Aimargues und Uzès, im Austausch gegen verschiedene Einkommen.

Um 1300 Die Befestigungsanlagen und die Tour Carbonnière werden fertiggestellt.

1346 Gründung eines Krankenhauses

1421 Krieg zwischen Armagnac und Burgund; Zerstörung des Schlosses und Burgundermassaker

1423 Jacques Cœur macht den Hafen von Aigues-Mortes zum Heimathafen seiner Flotte.

1447 Wegen der Versandung des Hafens verlegt Jacques Cœur seine Flotte nach Marseille.

1464 Das Privileg, das die Kaufleute zur Benutzung des Hafens von Aigues-Mortes verpflichtet, wird vom König aufgehoben.

1481 Der Anschluss von Marseille an Frankreich besiegelt den Niedergang des Hafens von Aigues-Mortes.

1538 Versöhnungstreffen von Franz I. und Karl V.

1575-1576 Religionskriege. Aigues-Mortes ist einer der acht festen Plätze, die den Protestanten in Südfrankreich zugestanden werden.

1622 Der protestantische Gouverneur übergibt Ludwig XIII. die Stadt.

1686 Nach der Aufhebung des Edikts von Nantes wird die Tour de Constance zum Hugenottengefängnis.

1705 Spektakuläre Flucht von Abraham Mazel

1725 Bau des Kanals zum Meer und Ausbau des Grau-du-Roi

1768 Die letzten protestantischen Gefangenen werden freigelassen.

1772 Baubeginn des Beaucaire-Kanals

1811 Abzug der Truppen; die Gouverneursresidenz wird zum Sitz von Zolldienststellen.

1903 Stadtmauer und Gouverneursresidenz werden unter Denkmalschutz gestellt.

1986 Die Dienststellen des Zolls ziehen aus der Gouverneursresidenz aus. Die Denkmalpflegebehörde „Monuments historiques" läßt Bauarbeiten zur Rekonstruktion des Gebäudes durchführen. In die Tour de Constance wird ein Fahrstuhl eingebaut.

Südfront der Stadtmauer, Ausschnitt aus einem Ölgemälde von Frédéric Bazille, 1867 (Montpellier, Musée Fabre)

RUNDGANG

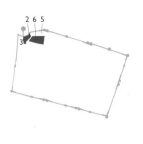

Das Garnisonsviertel mit der Tour de Constance, den Kasernen, der Gouverneursresidenz und dem Waffenplatz liegt im Nordwesten der Stadt.

Der **Waffenplatz**[5] ist ein fast rechteckiger Platz mit einer Fläche von 1740 m², der im Süden von der Verteidigungsmauer der Gouverneursresidenz und im Osten von der heutigen Rue Jean Jaurès begrenzt wird.

Im Südwesten befinden sich die **Kasernen**[6], die von 1746 bis 1750 an Stelle älterer Kasernenbauten errichtet wurden. Bis ins 17. Jh. war die Gemeinde für den Unterhalt der Garnison zuständig, der ihr danach erlassen wurde; der Kasernenbau oblag ihr aber weiterhin. Das Gebäude, das auch als Gendarmerie-Kaserne und Hotel gedient hat, ist gegenüber dem Ursprungszustand stark verändert.

Die 1624 errichtete **Verteidigungsmauer**[2], die die Gouverneursresidenz umgab, bestand ursprünglich aus drei Abschnitten, von denen noch zwei stehen. Auf dem ersten befindet sich ein Wehrgang mit Brustwehr, in die Schießscharten eingelassen sind. Der zweite, von Norden nach Süden verlaufende Abschnitt, dessen Tor zur Gouverneursresidenz Zugang gewährt, hat keinen Wehrgang, ist aber in Mannshöhe mit Gewehrschießscharten versehen. Am Eckstück befindet sich eine Warte mit Kuppeldach. Für die gesamte, aus Bossenquadern errichtete Konstruktion sind möglicherweise Abrissmaterialien aus mittelalterlichen Anlagen verwendet worden, die vielleicht der Barbakane*, die der Porte de la Gardette vorgelagert war, oder der Môle de la Peyrade, der Mole, entstammen.

Die Gouverneursresidenz

Die **Gouverneursresidenz**[3] erreicht man über den von der Verteidigungsmauer umgebenen Hof, in dem seit 1968 eine Stele an die der religiösen Intoleranz zum Opfer gefallenen Protestanten erinnert.

Die bauliche Analyse der Residenz ist problematisch, da im 16. und 17. Jh. zahlreiche

Kasernen, Gouverneursresidenz und Warte der Verteidigungsmauer vom Waffenplatz aus gesehen

Umbauten vorgenommen wurden. Das rechteckige Gebäude ist vierstöckig – das zweite Geschoss ist das niedrigste – und zeigt klassisch dekorierte Fassaden; das Treppenhaus ist der Rückfassade vorgebaut.

Hafen, Gouverneursresidenz, die „Muschelmauer", die Verteidigungsmauer und die Kasernen von der Plattform der Tour de Constance aus gesehen

Bis vor kurzem waren Dienststellen des Zolls im Gebäude untergebracht. 1986 ließ die regionale Abteilung der Denkmalpflegebehörde „Monuments Historiques" Bauarbeiten durchführen, mit dem Ziel, die ursprünglichen Proportionen des Bauwerks annähernd wiederherzustellen – zumindest so, wie sie durch Urkunden des 19. Jh. überliefert werden.

Denn die Geschichte der Residenz ist komplex: Das Bauwerk entstand an der Stelle des alten Königshauses, das 1421 abbrannte und danach wiederaufgebaut wurde; eine Quelle aus dem

Hoffassade der Gouverneursresidenz und Verteidigungsmauer

Jahr 1542 beschreibt dessen Lage als „an die Tour de Constance angrenzend". Ende des 17. Jh. wird das Königshaus noch urkundlich erwähnt; und auch bei dem „alten Schloss" von dem in einem Text von 1622 die Rede ist, handelt es sich möglicherweise um dasselbe Gebäude.

Verteidigungsmauer und Warte mit Kuppeldach

Auf Stadtplänen aus dieser Zeit – die ersten, die es von Aigues-Mortes gibt – sieht man ein Bauwerk, das mit der Tour de Constance verbunden und von einer dreiteiligen Mauer mit zwei Warten umgeben ist, von denen eine, die 1642 gebaut wurde, noch vorhanden ist. Außerdem weiß man, dass die Residenz 1662 Gegenstand von Bauarbeiten ist.

Leider fehlen dann bis zum 18. Jh. Dokumente, die es ermöglichen würden, das zeitliche Auf-

einanderfolgen der verschiedenen Bauwerke exakt nachzuvollziehen. Die konkave Mauer, die hinter der Tour de Constance die beiden Teile der mittelalterlichen Verteidigungsmauer miteinander verbindet, wird „Mur conque", „Muschelmauer", genannt und wurde möglicherweise Ende des 16. Jh. errichtet; auch die Restaurierung der Brücke zur Tour de Constance und der Umbau der Brustwehr erfolgten wohl zu diesem Zeitpunkt.

Es ist der Nordteil der Festungsanlage, der in der Neuzeit zur Anpassung an neue Formen der Kriegführung, insbesondere den Einsatz von Gewehren und Kanonen, die größten Veränderungen erfuhr.

Betreten wird die Residenz über eine von ionischen Wandpfeilern eingerahmte rechteckige Tür. Nachdem er eine Eintrittskarte gelöst hat, durchquert der Besucher zunächst zwei gewölbte Räume, die einzigen Überreste der älteren Residenz, die nachträglich zu einer baulichen Einheit zusammengefasst wurden und die Eingangshalle bilden. Der erste, der ein Tonnengewölbe* besitzt, diente als Hauptzugang zur Residenz. Über den zweiten Raum mit Kreuzgratgewölbe gelangt man in den Innenhof. Das beeindruckendste architektonische Element, die Treppe, führt zu drei unterschiedlich hohen Obergeschossen, die zur Zeit nicht besichtigt werden können. Den Wehrgang erreicht man über eine aus der Neuzeit stammende Wendeltreppe im Rundturm an der Nordseite des Gebäudes.

Der Ende der 80ziger Jahre umgestaltete Innenhof bietet nur noch teilweise den gleichen Anblick wie im 17. Jh.; damals wurde er in ost-westlicher Richtung durch ein Gebäude begrenzt, ein anderes war an die Stadtmauer gebaut. Wie dieser Hof im 13. Jh. aussah, wissen wir nicht, da über das System, das ihn mit der Tour de Constance verband, nichts bekannt ist. Bei schönem Wetter finden im Innenhof Veranstaltungen statt.

Voranstehende Doppelseite:

Rückseite der Gouverneursresidenz zum Innenhof hin; das Treppenhaus wurde im 17. Jh. an die Fassade aus dem 16. Jh. angebaut

Nordostansicht des oberen Teils der Tour de Constance

Rechteckiges Treppenhaus der Gouverneursresidenz

Die Tour de Constance

Die 1248 vollendete **Tour de Constance**[1] ist ein Rundbau mit geböschtem Mauerfuss*. Der Bau, in einem einzigen Zug vollendet, weist ein selten einheitliches Dekor auf. Der Turmdurchmesser beträgt 22 m bei einer Gesamthöhe von 30 m, die von einem 11 m hohen Dachturm überragt wird. Zugang gewähren ein nördlicher und ein südlicher Eingang.

Die Fundamente liegen auf tief in das sumpfige Gelände eingesenkten Grundpfählen auf, die den Bau stabilisieren. Sein Mauerwerk – ein Füllmauerwerk* – weist im Unterschied zu den anderen Anlagen aus dem 13. Jh. weder Bossen noch Steinmetzzeichen auf. Die Steine stammen möglicherweise aus dem Steinbruch Castillon-du-Gard etwa 20 km nordwestlich von Beaucaire.

Die Zugangseinrichtungen in ihrer heutigen Form sind jüngeren Datums; sowohl die dreibögige Brücke als auch der überdachte Gang, der durch die Muschelmauer führt, sind in der Neuzeit entstanden. Die zwei Meter hohe Brustwehr ist mit Schießscharten versehen.

Ursprünglich war der Turm von einem Wall und einem Wassergraben umgeben, über den Holzbrücken führten, die bei Gefahr vermutlich entfernt werden konnten.

Der Turm war wahrscheinlich keine isolierte Anlage sondern diente der Verteidigung eines bedeutenderen und größeren Gebäudes, dessen Sicherheit er durch die Überwachung des Zugangs gewährleisten sollte. Nichts hingegen weist darauf hin, dass der Turm je zu Wohnzwecken genutzt worden wäre, auch wenn sich dieser Glaube hartnäckig hält. So gibt es zum Beispiel im ersten Stockwerk keine Latrinen; trotzdem sich der Überlieferung zufolge dort die „stillen Örtchen" befunden haben sollen.

Über das alte Schloss wissen wir nur sehr wenig. 1249 ist ein erster Schlossvogt urkundlich belegt: Jean Porcheron, Schlossvogt des „Turms des Königs der Franzosen". Ab dem 14. Jh. wurde der Turm dann als Gefängnis benutzt, und diese Funktion sollte er fast bis zur Französischen Revolution innehaben.

Nordsüdschnitt der Tour de Constance, dreibögige Brücke, unterirdisches Verlies, unterer Saal, oberer Saal und Plattform mit Dachturm; Aquarell des Architekten Louzier, 1891 (Paris, Médiathèque du Patrimoine)

Der Name, durch den die anfängliche Bezeichnung als „dicker Turm" später ersetzt wird, Tour de Constance, bedeutet nicht etwa „Konstanzenturm", sondern „Turm der Beständigkeit" und ist auf den Eindruck, den der Bau hervorruft, zurückzuführen. Der Turm besteht aus einem unterirdischen Verlies, einem unterem und einem oberem Saal und einer Plattform mit Dachturm. Der Aufstieg erfolgt über eine seitliche Wendeltreppe in einem runden Treppenhaus, die durch drei Bogenscharten Licht erhält. Durch eine vierte Öffnung fällt Licht in die polygonale Laterne, in die die Treppe mündet; sie ist unvollständig und nicht mehr im ursprünglichen Zustand.

Verbindungswege und andere Einrichtungen sind in die sechs Meter dicken Mauern hinein gebaut, so dass der ganze Innenraum den Sälen vorbehalten ist. In der Mauerstärke befinden

sich die Kamine, der Brunnen des unteren Geschosses, der Laufgang, die Zisterne des Obergeschosses, in der das Regenwasser der Plattform aufgefangen wurde, die Wandschränke des unteren Saals sowie der Treppeneingang. Ein in die Mauer eingebauter Fahrstuhl bringt die Besucher direkt auf die Plattform.

Das **unterirdische Verlies** kann nicht besichtigt werden. Es ist kreisförmig und besitzt ein sechsteiliges Kreuzrippengewölbe mit Scheitelring*, der den einzigen Zugang bildet. Diesen sieht man in der Mitte des unteren Saals. Das Vorhandensein von Latrinen belegt, dass der normalerweise als Lagerraum genutzte Ort auch als Gefängnis diente.

Der kreisförmige **untere Saal** besitzt ein zwölfteiliges Kreuzrippengewölbe, dessen Bögen abwechselnd auf verzierten Kragsteinen* und polygonalen schmalen Wandsäulen ruhen. Wie im Verlies, bildet auch hier der Scheitelring die Verbindung zum darüberliegenden Geschoss. In der Mauer befinden sich vier Bogenscharten. Im Norden bildet ein Doppeltor den Eingang. Das Innentor wurde durch ein hölzernes Fallgitter verschlossen.

Durch den Bau eines Kamins mit Backofen wird 1868 eine der Wandsäulen zerstört. Die Verzierungen des Kaminabzugs scheinen einer älteren Vorlage zu folgen. In die Mauern sind Schränke eingebaut; der Bodenbelag wird von großen Steinplatten gebildet.

Der untere Saal diente als Durchgang, der von einem ringförmigen, mit 12 Öffnungen versehenen Laufgang oben in der Mauer aus verteidigt werden konnte. Die Besucher, die den Saal durch das Tor an der Nordseite betraten, wurden von oben überwacht und konnten im Fall eines Angriffs von dort aus zurückgedrängt werden. Zum Schloss gelangte man über das Südtor, das ebenfalls vom Laufgang aus verschlossen und verteidigt werden konnte, falls es Angreifern gelingen sollte, die anderen Verteidigungsanlagen zu überwinden.

Beide Eingänge waren vom Laufgang aus zu verschließen; auch die Wurflöcher* und die Fallgitter wurden von dort her betätigt. Eine nach Norden gehende Bogenscharte ermöglichte die Überwachung der zur Stadt führenden Straße.

Den oberen Saal erreicht man über eine architektonisch sehr sorgfältig gestaltete **Vorhalle**:

Unterer Saal der Tour Constance

Grundrisse des Verlieses und des unteren Saals, Louzier, Federzeichnung, 1891 (Paris, Médiathèque du Patrimoine)

Ihr Eingang wird von einem von schmalen Säulen gesäumten Spitzbogen gebildet. Die zwei Joche der Halle sind von einer Spitztonne überwölbt, deren Rippen durch vier schmale Rundsäulen verlängert werden. Das zweite Joch wird durch ein Fenster erhellt. Gesichert wird der obere Saal durch ein Tor mit Flügel und durch das Wurfloch des Vorraums, das vom Treppenhaus aus bedient wurde.

Grundriss des ringförmigen Laufganges, Federzeichnung von Louzier, 1891 (Paris, Médiathèque du Patrimoine)

Der **obere Saal** ist insgesamt so angelegt wie der untere, weist dabei aber einige Besonderheiten auf: Der Scheitelring öffnet sich zur Plattform, wie ja auch in den anderen Stockwerken die Scheitelringe eine Verbindung zum darüberliegenden Geschoss bilden. Der Raum besitzt fünf Bogenscharten und einen Kamin und wurde als Gefängnis benutzt, namentlich im

Gewölbe und Laufgang des unteren Saals und Gewölbe des oberen Saals

Grundriss des oberen Saals, von Louzier

18. Jh. als Hugenottengefängnis. Eine der Bogenscharten wurde zu einer Zelle, eine andere zu einem rechteckigen Schlafzimmer, das durch ein Fenster Licht erhält, ausgebaut. In die Laibung des Rundfensters ist die Inschrift *Register* eingeritzt, die Marie Durand, der berühmtesten Insassin, zugeschrieben wird.

Außerdem sind im Vorraum und den Fensterlaibungen Zeichnungen eingeritzt, die vermutlich aus dem 13. Jh. stammen und fünf Schiffe, davon zwei mit Lateinersegeln darstellen.

Die **Plattform** besaß sechs heute zugemauerte Bogenscharten, die aber noch von außen zu

Wahrscheinlich aus dem 13. Jh. stammende eingeritzte Zeichnung in der Laibung des Vorhallenfensters, die ein Schiff mit Lateinersegeln darstellt

Gewölbe der Vorhalle des oberen Saals

erkennen sind – die Brustwehr wurde in der Neuzeit umgebaut, um vier Kanonenscharten einzurichten. Von dieser Plattform aus konnte die ganze Umgebung überwacht werden.

Über eine Wendeltreppe im Dachturm gelangt man in einen **runden Laufgang**, wo in einer Metalllaterne ein Feuer brannte, das von den Anfängen bis in die Neuzeit den Schiffen als Leuchtfeuer diente. Von diesem Turm aus wurde auch das Meer überwacht. Quellen aus den Jahren 1298 bis 1299 enthalten Angaben zu den Funktionen des Turms: „Von dieser Zeit an und bis heute war immer ein Wachposten auf dem Turm plaziert […], der, sobald ein Schiff vor der Küste erschien, den Hafenwächter durch ein Hornsignal oder sonst ein Zeichen verständigte, dass ein Schiff vorbeifuhr oder sich zum Vorbeifahren anschickte." Zweck der Sache war die Einnahme der auf den Schiffsgütern liegenden Steuern, namentlich der Gebühr von einem Denier pro Pfund mitgeführter Ware, die die Stadt erheben durfte und die ursprünglich für die Finanzierung des Stadtmauerbaus bestimmt war. Der Dachturm kann nicht besichtigt werden.

Die Stadtmauer

Die Stadtmauer, errichtet zwischen 1272 und dem Ende des 13. Jh., hat in der Neuzeit kleine Veränderungen zur Anpassung an die neuen Waffen erfahren. So wurden die Brustwehr der Tour Constance, der Zugang zum Schloss und zum Hauptturm umgebaut. Heute sind nur noch die steinernen Grundstrukturen vorhanden, die hölzernen Aufbauten, insbesondere die Hurden* und die Überdachungen, existieren nicht mehr.

Plattform der Tour de Constance mit Brustwehr, in die vier Kanonenscharten eingearbeit sind, und der Leuchtfeuerturm mit Laufgang

Die Befestigungsanlage bildet ein unregelmäßiges Viereck – die jeweiligen Frontseitenlängen betragen 520, 325, 510 und 285 m – mit 15 Verteidigungswerken: fünf große und fünf kleine Torbauten zur Überwachung des Zugangs, drei Flankierungstürme und drei Ecktürme, denn an der nördlichen Ecke wird die Verteidigung ja von der Tour de Constance sichergestellt.

Anzahl, Natur und Position der Bauten

sind von Front zu Front unterschiedlich: So befanden sich an der Südwestseite fünf Tore, während es an der Nordostfront, die landeinwärts und der einzigen Zufahrtsstraße zur Stadt zugewandt lag und deshalb leichter angreifbar war, nur zwei gibt. Im Norden wird die Verteidigung durch zwei zusätzliche Flankierungstürme verstärkt, die Tour du Sel und die Tour de la Mèche, während im Süden der Brackwassersee, der die Stadt mit dem Meer verbindet, einen natürlichen Schutz bildete.

Zwischen den Verteidigungswerken befinden sich die Kurtinen*, gebildet von einer 11 m hohen und 2,50 m dicken Mauer mit zwei Reihen von Bogenscharten in unterschiedlicher Höhe, die außen abgeschrägt ist, um Stößen besser standhalten zu können.

Der Wehrgang läuft überall außen um die Türme herum, diese brauchen deshalb, mit Ausnahme der Tour du Sel und der kleinen Tore, nicht durchquert zu werden.

Auf einem Plan aus dem 17. Jh. ist ein zusätzliches Bollwerk zu sehen, das die Stadtmauer aus dem Mittelalter umgibt und die Porte de la Gardette, die Porte Saint-Antoine, die Porte de la Reine und die drei Ecktürme deckt. Beide Wälle sind von einem Wassergraben umgeben. Es ist fraglich, inwieweit diese Einrichtungen je verwirklicht worden sind; auf Plänen aus dem 18. Jh. weist praktisch nichts mehr darauf hin, und wenn die Arbeiten wirklich zu Ende gebracht worden sind, ist davon keine Spur mehr vorhanden, abgesehen von einem Stück Wassergraben zwischen der Tour des Bourguignons und der Porte des Moulins. Seit 1811 erfüllt die Anlage keinen militärischen Zweck mehr und wird 1903 unter Denkmalschutz gestellt.

Die ganze Anlage besteht aus Füllmauerwerk, dessen Schalmauern im Kreuzverband* gebaut sind. Die mittelstarken Quader sind quadratisch oder rechteckig und in einer Schichthöhe von 25 cm angeordnet. Neben glattem Mauerwerk ist an vielen Stellen ein mehr oder weniger regelmäßiges Bossenwerk zu finden. In den oberen Teilen von Kurtinen und Verteidigungswerken sind Quadertiefen von 35 cm zu beobachten, was ein Zeichen dafür sein könnte, dass der Bau in verschiedenen Etappen erfolgte.

Die Tour de la Mèche, der „Zündschnurturm" an der Nordostfront

Porte des Moulins und Porte des Galions an der Südwestfront

Die Tour Carbonnière

Die Tour Carbonnière, die sich 3,5 Kilometer von Aigues-Mortes entfernt mitten in den Sümpfen befindet – das Gebiet gehört heute zur Gemeinde Saint-Laurent-d'Aigouze – , diente der Überwachung der einzigen Straße, die im Mittelalter nach Aigues-Mortes führte. Der genaue Zeitpunkt der Erbauung ist nicht bekannt, jedoch war der Turm Anfang des 14. Jh. fertiggestellt. Der rechteckige Turm ist gleichzeitig ein Tor, die Torhalle im Erdgeschoss besitzt ein Kreuzrippengewölbe, ein Wurfloch und zwei Fallgitter; im ersten Stock befindet sich ein Raum für die Wache, ebenfalls mit Kreuzrippengewölbe; die Plattform war an den Ecken ursprünglich mit vier Türmchen bewehrt.

Der Turm gehört zu den Verteidigungsanlagen von Aigues-Mortes und weist alle baulichen Kennzeichen der Festung auf.

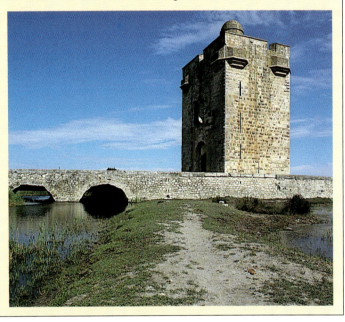

Hinsichtlich der Gründungstechnik bleiben mangels archäologischer Untersuchungen noch viele Fragen zu klären. Man weiß, dass 1,5 m tief im Boden ein Plattenfundament vorhanden ist, auf dem der Kurtinenfuß ruht, die Gründungen reichen aber tiefer.

Als Baumaterial wurde ein ockergelber Muschelkalkstein benutzt, dessen Herkunft nicht genau bestimmt werden kann, da sich die gleichen Materialkennzeichen auch im Burdigalien in der Languedocebene zwischen Montpellier und Beaucaire finden.

Studien zufolge könnte der Steinbruch von Aubais, 25 Kilometer von Aigues-Mortes entfernt, das Material für die Ringmauer

Die Tour Carbonnière, ein unabhängiges Verteidigungswerk im Norden der Festungsstadt, das den Zugang zur Stadt bewachte

Die Steinmetzzeichen

Der Ursprung der zahlreichen Zeichen, die sich auf den Steinen der Festung befinden und die auch auch andere Bauwerke des Mittelsalters häufig aufweisen, ist noch nicht völlig geklärt. In Aigues-Mortes wurden mehr als 600 gezählt. Die Arbeiter wurden dort nach dem Umfang der ausgeführten Arbeit bezahlt und die Zeichen dienten wahrscheinlich dazu, den jeweiligen Arbeiter zu identifizieren. An der Tour de Constance sind diese Zeichen nicht vorhanden, warum, weiß man nicht.

Steinmetzzeichen auf den quadratischen und rechteckigen Kalksteinquadern der Stadtmauer

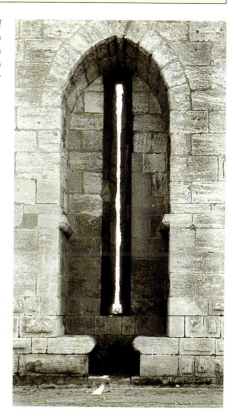

Schießkammer einer Bogenscharte für zwei Schützen in der Kurtine VI.

geliefert haben. Für die Bekrönung der Anlagen wurde ein anderes Material verwendet, ein Sandstein, der wahrscheinlich aus der Vauclause oder der Gegend von Uzès stammt.

Die Verteidigungswerke

Die Verteidigungswerke zwischen den Kurtinen besitzen überdachte Plattformen, deren krenelierte Brustwehr eine Bogenscharte pro Zinne aufweist. Es werden drei Arten von Verteidigungsanlagen unterschieden.

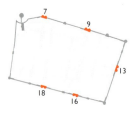

Die großen Torbauten

Porte de la Gardette[7], **Porte Saint-Antoine**[9], **Porte de la Reine**[13], **Porte de la Marine**[16], **Porte des Moulins**[18]

Sie bestehen aus einem Hauptbau mit rechteckigem Grundriss, der von zwei halbrunden, zur Stadtseite hin von rechteckigen Massivmauerwerken verlängerten Türmen flankiert wird. Der Wehrgang läuft hinten um die Türme herum und und verbindet die Kurtinen miteinander. Von der Stadt aus ist er über Innentreppen an den Kurtinen, „Militärtreppen" genannt, zu erreichen.

Porte de la Marine (Südwestfront Stadtseite), Porte de la Gardette, Porte Saint-Antoine (Nordostseite, Stadtseite und Außenseite), Aquarelle von Louzier, 1889 (Paris, Médiathèque du Patrimoine)

Die Namen der Verteidigungswerke

Alle Namen stammen aus der Neuzeit

Die **Porte de la Gardette** ist vermutlich nach dem Corps de Garde, der Wache, deren Quartiere sich in der Nähe befanden, benannt. Sie wird auch „Porte de Nîmes" oder, als Haupttor, auch einfach „Porte" genannt. Die **Tour du Sel** („Salzturm"), auch „Tour des Prisons militaires" („Militärgefängnisturm") genannt, hat vermutlich der Salzlagerung gedient; Einritzungen im unteren Saal zeigen, dass er eine Zeitlang als Gefängnis benutzt wurde. Die **Porte Saint-Antoine** befindet sich in der Nähe des gleichnamigen, außerhalb der Mauern gelegenen Friedhofs. Warum die **Tour de Villeneuve** früher „Tour des Masques" („Maskenturm") hieß, ist unbekannt. Die **Porte des Cordeliers** („Franziskanertor") ist nach dem Kloster benannt und die **Porte de la Reine** („Tor der Königin") nach Anna von Österreich, die Aigues-Mortes 1622 besuchte. Die **Tour de la Poudrière** („Pulverturm"), und die **Porte de l'Arsenal** sind nach dem in der Nähe befindlichen Arsenal benannt. Die **Porte de la Marine** („Marinetor") befindet sich in der Nähe des alten Hafens.

Auf der **Porte des Moulins** („Mühlentor") standen zwei Windmühlen. Die Namen der **Porte des Galions** („Galionentor") und die **Porte de l'Organeau** („Ankerringtor") erklären sich durch die Nähe des alten Hafens. In der **Tour des Bourguignons** („Burgunderturm") sollen der Überlieferung zufolge 1421, nach dem Massaker der Garnison aus Burgund, die Leichen der Opfer aufbewahrt und für die provisorische Lagerung sogar eingepökelt worden sein. Die Porte de Montpellier heißt seit der Zuschüttung des Grabens **Porte des Remblais** („Schüttor").

Im Erdgeschoss befindet sich zwischen zwei Fallgittern eine Art Torhalle, deren Verteidigung aus dem ersten Stock über ein Wurfloch und von den untengelegenen Räumen aus durch die Bogenscharten eines Reduits erfolgte. Drei andere Bogenscharten befinden sich an der Außenseite. Reduit, Eingang und Wendeltreppe sind in die Mauerstärke eingelassen. Die Torbauten wurden durch ein Innen- und ein Außentor verschlossen. Die selbe Grundstruktur weisen auch die die kleinen Torbauten – Porte de la Reine, Porte des Moulins und Porte de la Marine – auf.

Die rechteckigen oder quadratischen Mittelräume des ersten Stockwerks besitzen ein vier-

Schlusssteindekoration im oberen Saal des rechten Turms der Porte des Moulins

teiliges Kreuzrippengewölbe mit verziertem Schlussstein. Betreten werden sie über den Wehrgang, von der rückwärtigen Fassade her – die Porte de la Reine und die Porte des Moulins von der seitlichen Fassade aus. Die oberen Säle besitzen ein sechsteiliges Kreuzrippengewölbe.

Die Plattformen sind überall gleich nach dem gleichen Muster angelegt, drei bis vier Bogenscharten öffnen sich zur Stadt hin, sechs bis sieben zum Umland. Das Treppenhaus führt entweder zum Zugangsflur des unteren Saals – in der Porte de la Reine, der Porte des Moulins und der Porte de la Marine – oder befindet sich im Massivmauerwerk neben dem Übergang zur Kurtine – in der Porte Saint-Antoine und der Porte de la Gardette.

Die Latrinen der unteren Säle sind über Laufgänge zugänglich. Einige gehen zum Treppenhaus hinaus (Porte de la Marine), andere sind ins Massivmauerwerk an der Außenseite eingelassen.

Längsschnitt der Porte de la Marine, Aquarell von Louzier, 1889 (Paris, Médiathèque du Patrimoine)

Kamin im Obergeschoss der Porte Saint-Antoine, Aquarell von Louzier, 1889 (Paris, Médiathèque du Patrimoine)

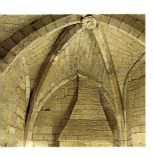

Kreuzrippengewölbe eines der Säle der Porte de la Marine

Nachstehende Doppelseite: Porte des Cordeliers (Südostfront, vom Umland und von der Stadt aus gesehen), die Tour de Villeneuve (Ecke der Nordost- und Südostfront, vom Umland aus) und die Tour des Bourguignons (Ecke der Nordwest- und Südwestfront, Stadtseite), Aquarelle von Louzier, 1889 und 1891 (Paris, Médiathèque du Patrimoine)

Die Beleuchtung erfolgt über mehrere rechteckige Fenster, die zum Umland hinausgehen, in der Porte de la Reine außerdem über eine Bogenscharte in jedem der Türme. In den Obergeschossen sind überall Kamine vorhanden.

In den unteren Sälen der Porte des Moulins und der Porte de la Marine waren Dielenböden vorhanden; verschiedene andere hölzerne Einrichtungen, deren Funktion wir nicht kennen, haben ihre Spuren im Stein hinterlassen.

Die Anlage der Porte de la Reine hebt sich von der der anderen Torbauten ab. Die beiden Türme an den Enden der Plattform weisen einen rechteckigen Grundriss auf und sind über eine Wendeltreppe zu erreichen. Sie bestehen aus zwei übereinander liegenden Sälen mit Kreuzrippengewölbe und besitzen eine Plattform. Es handelt sich um Verteidigungswerke, die sich wahrscheinlich nicht im Originalzustand befinden und die einer besseren Sicherung der Kurtine dienen.

Erster Stock und Plattform der Porte de la Marine und der Porte des Moulins können besichtigt werden, wie auch das Erdgeschoss der Porte de la Gardette (in dem sich das Fremdenverkehrsbüro befindet).

Die Dekoration der Bauten

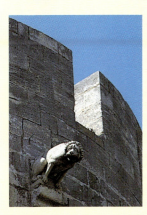

Wasserspeier, der einen Löwen darstellt

Die Dekorationen werden von Schlusssteinen, Kragsteinen und einigen Wasserspeiern gebildet, denen zwar kein einheitliches Gestaltungsmuster zugrunde liegt, die aber einen Willen zur Satire erkennen lassen. Viele der Figuren spiegeln durch überzeichnet dargestellte Attribute wie Kapuzen oder andere Kopfbedeckungen die sozialen Kategorien grobschlächtig wider. Groteske Körperhaltungen und und karikierte Gesichtszüge verstärken diesen Eindruck. Die Motive sind unterschiedlich: Auf den Kragsteinen finden sich vor allem Darstellungen von Tieren, von kämpfenden oder menschenfressenden Monstern, seltener florale Motive, die auf den Schlusssteinen dominieren; auch diese sind manchmal mit Figuren geschmückt. Die Wasserspeier stellen meistens Tiere dar, bilden aber manchmal auch menschliche Gesichter ab.

Die kleinen Torbauten

Porte des Cordeliers[12], Porte de l'Arsenal[15], Porte des Galions[17], Porte de l'Organeau[19], Porte des Remblais[21]

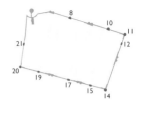

Die kleinen Tore zwischen den Kurtinen haben einen rechteckigen Grundriss. Sie bestehen aus einem Durchgang im Erdgeschoss, einem Saal im ersten Stock mit Kreuzrippengewölbe; darüber befindet sich die Plattform mit vier Türmchen, von denen eines eine Wendeltreppe besitzt. Außerdem sind ein Fallgitter und ein Wurfloch vorhanden. Im Gewölbe des oberen Saals befindet sich eine Öffnung zur Plattform, die für eine Winde für Vorräte bestimmt war oder der Bedienung des Fallgitters diente.

Bei den Türmchen handelt es sich um Ziertürmchen, die in zwei Varianten vorhanden sind. Alle Tore können besichtigt werden, nur die Plattformen der Porte de l'Organeau und der Porte des Remblais sind nicht zugänglich.

Gewölbe im Obergeschoss der Porte des Cordeliers

Die Flankierungstürme

Tour du Sel[8] und Tour de la Mèche[10]

Die Türme weisen einen halbkreisförmigen Grundriss auf, der sich zum Umland hin vorwölbt, und bestehen aus zwei übereinanderliegenden Sälen und einer Plattform. Von einem Wehrgang zum anderen gelangt man über einen Gang, der außen um den oberen Saal herumführt, oder indem man den Saal durchquert.

Die Treppe befindet sich in der Mauerstärke. Der untere Saal besitzt ein Fenster zur Stadtseite. In jedem der Säle ist ein Kamin vorhanden. Erster Stock und Plattform dieser Türme können besichtigt werden.

Oberer Teil der Porte des Cordeliers an der Südostfront, Außenseite

Die Ecktürme

Tour de Villeneuve[11], Tour de la Poudrière[14] und Tour des Bourguignons[20]

Der Grundriss der Türme wird von einem Halbkreis und einem Polygon gebildet. Der kreisförmige, untere Saal wird von der „Rue Militaire" her betreten, während der halbkreisförmige obere Saal über den Wehrgang zu erreichen ist, entweder über die rückwärtige Fassade oder über die rechte Flanke (Tour des Bourguignons). Die Treppe ist in das Massivmauerwerk eingelassen.

Schlussstein im Obergeschoss der Tour du Sel, auf der Nordostseite

Die Säle besitzen ein Kreuzrippengewölbe; die der Flankendeckung dienenden Bogenscharten in den Mauern sind zu Kanonenschießscharten umgebaut worden. Im Erdgeschoss besitzt nur die Tour des Bourguignons ein Fenster und einen Kamin, während diese im Obergeschoss überall vorhanden sind. Überall sind Bogenscharten zur Verteidigung vorhanden: fünf im unteren Saal

Oberer Saal der Tour du Sel

– in der Tour des Bourguignons nur drei –, fünf bis sieben auf der Plattform. In den oberen Sälen ist ihre Anzahl unterschiedlich – die Tour de Villeneuve weist nur eine der sechs ursprünglich vorgesehenen Scharten auf. Der Zugang zu den oberen Sälen wurde über ein von der Plattform zu bedienendes Wurfloch abgesichert.

Erster Stock und Plattform können nur in der Tour de Villeneuve besichtigt werden.

Nachstehende Doppelseite: Panoramaansicht mit dem Turm der Kirche Notre-Dame-des-Sablons, der Place Saint-Louis, der Südwestfront der Befestigungsanlagen, dem Etang de Psalmodi und den Salzsümpfen

Die Stadt

Gleich hinter dem Haupttor, der Porte de la Gardette, befinden sich Waffenplatz und Gouverneursresidenz; über letztere gelangt man in die Tour de Constance und zu den Befestigungsanlagen.

Wenn man beim Verlassen der Gouverneursresidenz rechts die Hauptstraße, die Rue Jean-Jaurès, auch „Grand-Rue" genannt, hinuntergeht, gelangt man auf die Place Saint-Louis mit der Statue Ludwigs des Heiligen, dem Rathaus und der Kapelle des Kapuzinerklosters. Im Osten der Stadt sieht man die Chapelle des Penitents blancs („Kappelle der weißen Büßer"), dahinter die Chapelle des Penitents gris („Kapelle der grauen Büßer") und verschiedene alte Häuser.

Die Stadtmauer aus dem 13. Jh. hat eine Gesamtlänge von 1,62 km und bildet ein unregelmäßiges Viereck. Sie umschließt ein 16 Hekar großes Stadtgebiet, dessen Straßen sich rechtwinklig kreuzen. Die Befestigungsanlagen umfassen zehn Torbauten, von denen fünf zwei Türme besitzen, und sechs unabhängige Türme; dazwischen befinden sich 16 Kurtinen. An der Innenseite verläuft eine fünf bis zehn Meter breite Esplanade, die einen Rundgang an der Stadtmauer erlaubt, der allerdings zwischen zwischen der Tour de la Gardette und der Tour du Sel unterbrochen werden muss, da sich dieser Teil schon lange in Privatbesitz befindet und der Zugang nicht erlaubt ist.

Schematisch lassen sich drei Bezirke unterscheiden: Ein erster im Norden, begrenzt durch die Rue Jean-Jaurès und den Boulevard Gambetta; dann, am Ende der Rue Jean-Jaurès, das Herz der Festungsstadt mit der Place Saint-Louis, das von Nordost und Südwestfront gleichweit entfernt liegt, und schließlich ein dritter Bezirk im Süden, gebildet durch die Rue Emile-Jamais und die Rue Sidi-Carnot, die an der Ostwestachse von der Porte des Remblais zur Porte de la Reine verlaufen.

In der **Rue Jean-Jaurès** Nr.2 bemerkt man ein großes Haus in schlechtem baulichen Zustand mit hohen Fenstern und runden Giebelfeldern, an dessen Fassade sich sich neun Konsolen aus Kalkstein, die mit Darstellungen weiblicher und männlicher Köpfe geschmückt sind, befinden. Die Nr.7 und die Nr.19 in derselben Straße sind Häuser aus der ersten Hälfte des 17. Jh., die im 19. Jh. stark verändert wurden. Die Fassadendekoration besteht aus Konsolen und Wandpfeilern mit verzierten Kapitellen.

Die schon 1260 erwähnte Kirche **Notre-Dame-des Sablons**[23] – sie besitzt drei Schiffe mit sechs Jochen und eine flaches Chorhaupt – ist bereits vor der Stadtmauer, noch zu Lebzeiten Ludwigs IX., erbaut worden und erhielt im 15. Jh. Seitenkapellen zwischen den Strebepfeilern.

Sie wurde 1575 während der Religionskriege verwüstet; der Glockenturm wurde im 17. und 18. Jh. wiederaufgebaut. Nachdem sie als Getreide- und Salzlager gedient hatte, wurde sie Anfang des 19. Jh. wieder als Kirche genutzt und vor 30 Jahren restauriert. Die Kirchenfenster sind das Werk von Claude Viallat, einem zeitgenössischen Künstlers aus Nîmes.

Die **Place Saint-Louis**[22], ist zwar schon von Anfang an das Zentrum der Stadt, bildet aber nicht den Mittelpunkt des Vierecks, sondern den seiner Westhälfte. Dieser merkwürdige Umstand ist wohl durch die Entstehungsgeschichte der Stadt zu erklären: Sie wird zwar 1240 gegründet, mit dem Bau der Stadtmauer wird aber erst nach 1272 begonnen. Der Kontrast zwischen der geraden Straßenführung und dem unregelmäßigen Verlauf der Befestigungsanlage ist vielleicht darauf zurückzuführen, dass bei ihrem Bau bestimmte Gebäude und Straßen bereits vorhanden waren und außerdem auch auf geographische Gegebenheiten wie den Brackwassersee und den Kanal Rücksicht genommen werden musste. Die Frage ist allerdings noch nicht geklärt.

Im 13. Jh. wird schon zur Zeit der Stadtgründung ein erstes **Rathaus** erwähnt, das vermutlich im 16. Jh. neu aufgebaut worden ist. Das heutige Gebäude stammt aus dem 17. Jh., im 19. Jh. wurde jedoch die Fassade komplett renoviert und das Gebäudeinnere umgebaut. Nur die Treppe ist nicht verändert worden.

Die Kirche im Süden des Platzes gehörte zum ehemaligen **Kapuzinerkloster**[24], das 1622 zur Bekehrung der Protestanten gegründet wurde; sie dient heute als Ausstellungsraum. An der Fassade öffnet sich eine große Arkade, über der sich ein Rundfenster befindet. Der Bau besteht aus einem einzigen, rechteckigen Schiff.

Die **Statue Ludwigs IX.** in der Mitte des Platzes wurde anlässlich der Gedenkfeierlichkeiten für den siebten und achten Kreuzzug von der Stadt Aigues-Mortes bestellt und 1849 von dem Bildhauer James Pradier ausgeführt.

Überall lassen sich beim Flanieren in den Straßen interessante Architektur- und Dekordetails entdecken: In der Rue de la République, Hausnummern 19-25, in der Rue Emile-Jamais (16, 26 und 28) und am Boulevard Gambetta (23 und 35).

Das älteste Haus befindet sich aber gewiss in der Rue Paul-Bert (Nr. 6). Es handelt sich um einen

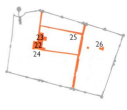

Die „Chapelle de la Confrérie des Pénitents gris" genannte Kirche in der Rue Rouget-de-l'Isle

kleinen rechteckigen Bau aus dem 16. Jh. mit Obergeschoss und Dachboden, dessen vordere Fassade von einer Giebelwand gebildet wird, an der sich die Reste eines Fensters mit Rinnleiste befinden.

Die **Chapelle des Penitents gris**[26] –die „Kapelle der grauen Büßer", eine Gemeinschaft, deren Ursprünge bis ins 15. Jh. zurückzureichen scheinen – befindet sich in der Rue Rouget-de-l'Isle. 1575 wird bei den Reformationsunruhen eine erste Kapelle zerstört, eine zweite wird 1611 geweiht. Die einschiffige Kirche mit flachem Chorhaupt grenzt an ein Wohngebäude an, dessen Grundriss dem der Chapelle des Pénitents blancs sehr ähnlich ist.

Die **Chapelle der Pénitents blancs**[25], die Kapelle der weißen Büßer besteht aus einem einzigen Schiff mit halbrunder Apsis. Die Gemeinschaft der weißen Büßer ist im 17. Jh. nach einer Spaltung der grauen Büßer entstanden und zu diesem Zeitpunkt ist wahrscheinlich auch die Kapelle gebaut worden. In der Zeit der Französischen Revolution befand sich hier der Sitz des Revolutionskomitees von Aigues-Mortes, so dass die Archive zerstört worden sind. Im 19. Jahrhundert hat die heute noch bestehende Gemeinschaft mit der Wiederherstellung des Kapellenmobiliars begonnen. Diese beiden Bauwerke können nach Anfrage im Fremdenverkehrsbüro in der Porte de la Gardette besichtigt werden.

Auch heute noch ist das Leben der Stadt weitgehend durch die historischen Strukturen geprägt, wenngleich man versucht hat, die Aktivitätszentren gleichmäßig über die Stadt zu verteilen. Jenseits des Boulevard Gambetta, wo unauffällige Häuser aus dem 19. Und 20. Jh. Hütten und Gärten ersetzt haben, ist die Stadt nur wenig belebt.

1
Place Saint-Louis mit der Statue Ludwig IX. und der Fassade des ehemaligen Kapuzinerklosters

2
Haus aus dem 16. Jh., Rue Paul-Bert Nr. 6

3-4
Häuser mit geschmückten Fassaden in der Rue Jean-Jaurès, Nr. 19 und 2

Giebelfeld über dem Portal der „Chapelle des Pénitents blancs", Rue de la République

Glossar

Barbakane: Außenwerk zur Sicherung eines Festungstores

Bastide: Verteidigungswerk

Bossenquader: Werkstein mit roh behauener, unregelmäßiger buckel- oder kissenförmiger Vorderseite

Donjon: Hauptturm einer Burg oder Festungsanlage

Füllmauerwerk: zweischalige, nur auf der Außen- und Innseite in geschichtetem Stein ausgeführte Mauer.

Geböschter Mauerfuß: geneigter unterer Teil einer Wehrmauer

Hurde: hölzerner Umgang auf Mauern und Wehrtürmen, von dem aus der Feind beschossen und beworfen werden konnte

Konsul: hoher Verwaltungsbeamter

Kragstein: auskragender Stein, der eine Last aufnehmen kann

Kreuzverband: Mauerverband, bei dem Läufer- und Binderschichten miteinander abwechseln, wobei die Läufer ihre Langseite und die Binder ihre Schmalseite nach außen zeigen

Kurtine: Teil des Walls, der zwei Verteidigungswerke miteinander verbindet

Lido: Durch eine Landzunge abgetrennter Meeresteil

Sénéchaussée: königlicher Verwaltungsbezirk in Südfrankreich

Scheitelring: ringförmige Mauerung im Gewölbescheitel, die zur Aufnahme und Versteifung der gegen sie anlaufenden Rippen dient

Schlussstein: Stein am Hauptknotenpunkt der Rippen eines Gewölbes

Spitztonne: Tonnengewölbe mit spitzbogigem Querschnitt

Tonnengewölbe: Gewölbeform mit längst einer Achse gleichbleibendem viertelkreis-, halbkreis-, segmentbogen-, oder spitzbogenförmigen Querschnitt

Wurfloch: Öffnung für Wurfgeschosse im Gewölbe oder der Decke eines Durchgangs

Bibliographische Hinweise

Aigues-Mortes

Pagézy (Jules), *Mémoires sur le port d'Aigues-Mortes,* Paris, 1879-1886, 2 vol.

Sablou (Jean), „Saint Louis et le problème de la fondation d'Aigues-Mortes", in *Hommage à André Dupont. Études médiévales languedociennes,* Montpellier, 1974, p. 255-265.

Ludwig der Heilige

Le Goff (Jacques), *Saint Louis,* Paris, Gallimard, coll. „Bibliothèque des histoires", 1996.

Richard (Jean), *Saint Louis, roi d'une France féodale, soutien de la Terre sainte,* Paris, 1983 (rééd., 1986).

Die Kreuzzüge

Delor (Robert), dir., *Les Croisades,* Paris, Seuil, coll. „Points-Histoire", n° 100, 1988.

Grousset (René), *Histoire des croisades et du royaume franc de Jérusalem,* Paris, 1934-1936, 3 vol. (rééd., Paris, 1992).

Tate (Georges), *L'Orient des croisades,* Paris, Gallimard, coll. „Découvertes-Histoire", n° 129, 1991.

Architektur

Canton d'Aigues-Mortes (Gard), Ministère des Affaires culturelles, Inventaire général des monuments et des richesses artistiques de la France, commission du Languedoc-Roussillon, Paris, Imprimerie nationale, 1973, 2 vol.

Fino (Jean-François), *Forteresses de la France médiévale, construction, attaque, défense,* Paris, 1970 (3ᵉ éd., 1977).

Sournia (Bernard), „Les fortifications d'Aigues-Mortes", *Congrès archéologique,* CXXXIV, 1976, p. 9-26.

Id., *Aigues-Mortes,* Paris, Caisse nationale des monuments historiques et des sites, coll. „Petites notes sur les grands édifices", 1981.

Id., *Aigues-Mortes,* Rennes, Ouest-France/Caisse nationale des monuments historiques et des sites, 1994.